AF258140

MÉMOIRE

remis à *M. le Ministre des Affaires étrangères à l'appui de la réclamation de M. G. Thubé-Lourmand concernant la jouissance exclusive de
ses concessions, à Terre-Neuve, des baies du Vieux-Férolle et Sainte-
Geneviève (French shore).*

En 1885, M. le capitaine de vaisseau Leclerc, alors chef de la Division
navale de Terre-Neuve, vint à Nantes, réunit les fabricants de conserves alimen-
taires de cette ville, attira leur attention sur le parti qu'ils pouvaient tirer de
la pêche du homard, jointe à celle de la morue, sur le French shore de Terre-
Neuve et insista pour que, groupés en une association, ils vinssent « *disputer aux
Anglais ces sources de richesses* ». Cet officier supérieur montra, en même temps,
qu'indépendamment d'une opération fructueuse, il s'agissait d'une entreprise
patriotique, digne de toute la bienveillance et assurée de tout l'appui du Gouvernement.

Malgré ces perspectives et ces assurances, les fabricants, effrayés de l'importance des capitaux qu'il était nécessaire d'engager, ne donnèrent pas suite aux
incitations de M. le Commandant de la Division navale.

En 1886, un armateur de Saint-Malo, M. Lemoine, déjà familiarisé avec les
choses de Terre-Neuve, répondit à l'invitation faite : il eut des démêlés avec la
station navale française, parce qu'il né s'était pas conformé aux règles prescrites
pour les constructions à terre, démêlés qui motivèrent l'interpellation du
17 janvier 1887, au Sénat (*Journal officiel* 1887, page 9), au cours de laquelle
M. Flourens, alors Ministre des Affaires étrangères, affirma très énergiquement
nos droits de pêche « *absolus et sans restriction* ».

En 1887, M. le commandant Humann, qui avait succédé à M. le capitaine
de vaisseau Leclerc, reprit l'œuvre de son prédécesseur et montra l'intérêt com-

mercial et politique qu'il y avait à occuper le French shore, en y exerçant à la fois les pêches de la morue, du homard et du saumon ; en même temps M. le Chef de service de la Marine à Nantes, Le Beau, communiquait à la Chambre de commerce de cette ville, la circulaire de M. le Ministre de la Marine Barbey du 6 octobre 1887 et insistait auprès de M. Thubé-Lourmand pour qu'il répondît aux vues du Gouvernement.

Après avoir reçu la promesse de jouir paisiblement et exclusivement des concessions accordées par M. le Ministre de la Marine à la Baie-Blanche (côte Est de Terre-Neuve), M. Thubé alla, en 1888, occuper cette immense baie avec deux navires et 86 hommes. Malgré la puissance de son organisation de pêche, il ne trouva pas, à beaucoup près, les quantités de homards annoncées par le document officiel du 6 octobre 1887 et éprouva ainsi des pertes pécuniaires importantes (65,000 francs). Malgré cet échec, il ne se découragea pas : cette baie était très pauvre en crustacés, et M. Thubé, pour réparer ces pertes et pour poursuivre l'œuvre à laquelle il avait été convié, demanda les concessions des deux baies les plus riches en homards, celles du Vieux-Férolle et de Sainte-Geneviève (côte Ouest). L'une de ces baies était occupée par un certain Schaerer, riche homardier anglais, bien connu de la division navale française pour sa haine de nos pêcheries et pour les difficultés qu'il créait sans cesse. M. Thubé, dans sa demande de concession, puis dans ses conversations avec les divers fonctionnaires ou officiers du Département de la Marine, insista particulièrement sur la nécessité de l'expulsion de cet intrus, nécessité reconnue par tous et qui n'a été contestée dans aucune des communications, écrites ou verbales, du Ministère de la Marine. Au contraire, cette nouvelle entreprise — dont les détails d'exécution ont été arrêtés d'un commun accord — fut encouragée parce qu'elle allait permettre à la Division de faire à la côte Ouest ce qui avait été fait à la côte Est, d'expulser Schaerer, comme Murphy avait été expulsé de la Baie-Blanche l'année précédente.

M. Thubé envoya donc un navire, avec 56 hommes, et une chaloupe à vapeur destinée à parcourir ces concessions : presqu'en même temps que lui, arrivait Schaerer, accompagné d'une troupe de gens des îles du Prince-Edouard et de femmes du Canada : trois autres homardiers anglais s'établissaient aussi sur les limites des concessions. Ces étrangers immergeaient 8,000 casiers à homards, refusaient de se retirer devant les sommations du capitaine de M. Thubé et Schaerer poussait l'ironie jusqu'à offrir à ce capitaine de porter lui-même au Commandant de la Division navale française la protestation et l'appel qui allaient se produire.

La station navale a passé quelques jours au mouillage du Vieux-Férolle : M. le commandant Maréchal a déclaré au capitaine « qu'il n'était pas en son pouvoir d'expulser les Anglais » et il est reparti, laissant le capitaine à la merci des Anglais et en se bornant à constater, dans son rapport à M. le Ministre de

la Marine, que *actuellement* (c'est-à-dire au début de la pêche) le capitaine concessionnaire n'était pas gêné et pêchait comme il voulait, mais que, pour l'avenir,
il ne pouvait préjuger les conséquences de la pêche concurrente anglaise pour les
homards. Cette appréciation de M. le commandant Maréchal qui se réfère aux
premiers jours de pêche, à un instant où le capitaine concessionnaire était à
peine installé et n'avait pas eu le temps de donner à son organisation l'importance qu'elle comporte, ne contredit en rien la protestation du capitaine concessionnaire.

Ce capitaine, dont l'expérience est connue des officiers de la station, se trouve
dans cette situation intolérable :

1° En ce qui concerne la pêche du homard, il ne peut immerger ses casiers
(c'est-à-dire ses engins destinés à capturer ce crustacé) que dans les endroits que
daignent lui concéder les Anglais parce qu'ils sont médiocres ou déjà épuisés ; ou
bien il faut qu'il se livre à des actes de violence, en enlevant les casiers anglais
et en mouillant les siens à leur place.

Tandis qu'il pêche à peine 3,000 homards par jour, il voit les Anglais en
pêcher 15,000, bien que leurs moyens d'action ne soient pas supérieurs aux siens.

Enfin les Anglais épuisent les gisements de ce poisson sédentaire et ruinent
ainsi, par avance, les concessions accordées par le Gouvernement français pour
des périodes courtes.

2° En ce qui concerne la pêche de la morue, elle est rendue impraticable
par la seule présence des casiers anglais qui déchirent nos filets et qui, surtout,
effrayant la morue, empêchent ce poisson, dont le passage est de très courte du-
rée, d'accoster les concessions. Pendant ce passage et pendant la période qui le
précède, il faudrait faire disparaître ces engins : naturellement les Anglais refusent
de lever leurs casiers ;

3° En ce qui touche la coupe des bois nécessaires pour les réparations des
« chauffauds » (abris pour les hommes, les vivres et pour la préparation du poisson), pour le chauffage de nos gens, etc., les indigènes, en présence des menaces
de Schærer, refusent d'aider nos marins, tandis qu'ils s'empresseraient, selon
l'usage, d'épargner cette perte de temps à nos pêcheurs, si les homardiers anglais
ne les en empêchaient ;

4° Enfin, pour l'avenir, pour la campagne prochaine, les Anglais ayant cons-
taté notre faiblesse à leur égard, enlèveront à nos gens le reste de jouissance des
parcelles qu'ils consentent à leur laisser.

En présence de ces faits dont l'exactitude rigoureuse est connue de tous les
hommes compétents, M. Thubé vient d'adresser à M. le Ministre de la Marine
la réclamation dont la copie est ici annexée et qui se résume comme suit :

Il demande que la jouissance *exclusive* et *absolue* conformément au décret du
22 mars 1862 (art. 23) de ses concessions lui soit accordée : il demande que les

engagements pris soient exécutés par l'expulsion de Schærer et autres intrus, comme ils ont été exécutés en 1888 par l'expulsion de Murphy et si, pour des motifs d'ordre supérieur, il n'est pas possible de le protéger, d'assurer sa jouissance paisible et exclusive, il conclut à une indemnité due d'autant plus légitimement qu'il ne s'est occupé de ces affaires de Terre-Neuve que sur l'invitation pressante du Gouvernement.

Mais M. Thubé, en tenant à la disposition du Département des Affaires étrangères les documents qui lui semblent de nature à préciser, au point de vue de l'intérêt national, l'état actuel de la question, supplie M. le Ministre de prendre des mesures urgentes en ce qui le concerne personnellement, chaque jour aggravant sa situation à Terre-Neuve.

I. — *Importance de l'intérêt national engagé dans la question des pêcheries de l'île de Terre-Neuve.*

Il ressort des discussions qui ont lieu depuis trois années au Parlement de Saint-Jean, de même que des articles de la presse de ce pays, que les gens de cette colonie suivent un plan méthodique pour nous forcer à abandonner le « French shore » et pour ruiner, par suite, non seulement les pêcheurs qui vont à l'île de Terre-Neuve, mais encore ceux qui vont au Banc.

Leur but est de détruire une concurrence qui les gêne et de s'assurer le monopole de ces grandes industries maritimes de la pêche et préparation non seulement de la morue, mais encore du homard et du saumon.

Jusqu'en 1882, l'on n'attachait pas d'importance à cette pêche du homard et du saumon : mais les gens des îles du Prince-Edouard, d'Anticosti, puis ceux du continent de la Nouvelle-Ecosse, des Etats-Unis, et enfin les indigènes de Terre-Neuve ont donné un développement inouï à cette industrie de la conservation en boîtes de ces poissons.

Actuellement cette conserve — dont le bon marché est tel qu'elle est à la portée de la bourse même des ménages ouvriers — a pénétré partout et, malgré l'activité de la production, on ne parvient pas à satisfaire aux besoins de la consommation.

A Terre-Neuve, à la côte ouest, des fortunes rapides et considérables ont été faites dans cette industrie, et il résulte tant du tableau d'exportation du Gouvernement de Saint-Jean que de la statistique publiée par les Douanes françaises que cette industrie suit une progression croissante.

En 1885, il a été importé de Terre-Neuve (French shore). 144.258 kg.
— 1886 — — — 185.640 kg.
— 1887 — — — 555.957 kg.

qui, évalués à 2 francs le kilog, prix de vente moyen, donnent les valeurs sui-vantes :

En 1885, il a été vendu en homards de Terre-Neuve pour   288.516 fr.
— 1886   —   —   —   371.280 fr.
— 1887   —   —   —   1.111.914 fr.

Si l'on ajoute à cette importation des conserves de homards fabriquées sur le French shore par les étrangers, celle provenant des Etats-Unis, l'on constate que, en 1887 (dernière année pour laquelle les statistiques sont dressées), il a été consommé, en France, pour 5,544,042 francs de ces conserves.

Or tous les pays du monde recherchent maintennnt ce produit.

L'an dernier, d'après les déclarations du gouverneur de Saint-Jean au Parlement, il a été exporté du *French shore* 70,014 caisses, représentant environ **3,500,000** francs.

On comprend l'ardeur de cette colonie pour se saisir d'un monopole semblable dont l'accroissement, d'ici quelques années, grâce à la richesse des gisements de homards de la côte ouest, atteindra 8 à 10,000,000 de francs.

Des Anglais, attirés par cette source de profits, sont venus sur ces côtes et l'attention du Gouvernement de la métropole, frappé par le parti que ses nationaux pouvaient tirer de cette industrie, a fini par se porter sur cette question des homarderies.

Le gouvernement anglais sait, d'autre part, que, par suite de causes complexes qu'il serait trop long d'énumérer ici, il n'est pas possible, actuellement et depuis dix ans, qu'un armateur, occupant l'un des points du French shore, et se bornant à pêcher la morue, puisse couvrir ses frais généraux : il sait qu'au contraire, en joignant cette pêche de la morue à celle du homard, il doit réaliser des bénéfices importants ; enfin, poussé par la colonie de Saint-Jean, il comprend que les armateurs français, stimulés de leur côté par la nécessité de vivre et de faire vivre leurs équipages, ayant, l'an dernier, merveilleusement réussi, au point de vue technique, leurs conserves, vont occuper tous les points du French shore qu'ils avaient délaissés.

De là les efforts faits pour empêcher d'établir des homarderies ou du moins pour ne pas nous laisser la jouissance exclusive du French shore au point de vue des pêches.

Le « boët bill » a été le premier acte de ce qu'un orateur du Parlement de Saint-Jean a appelé « la pièce contre les abominables Français. » On croyait que, par cette loi, on empêcherait les navires français de venir sur le grand Banc de Terre-Neuve pêcher la morue, puisqu'on pensait, par cette mesure, leur supprimer l'appât (le capelan) absolument indispensable à l'exercice de cette pêche. C'était la ruine de 16,200 marins et de toutes les industries accessoires qui vivent de ces armements depuis Dunkerque jusqu'à Brest.

Ce plan, nettement accusé d'ailleurs, a été déjoué, parce que tous ces navires français, au lieu de recourir aux Anglais pour l'achat de cet appât, ont pu se le procurer en allant le chercher eux-mêmes dans les baies du French shore ou en s'entendant avec leurs compatriotes établis dans ces concessions pour leur fournir l'appât.

Or, si nos droits séculaires sur le French shore n'avaient plus été exercés, si ces baies avaient été occupées par des Anglais, que serait-il arrivé ? Où ces navires auraient-ils trouvé l'appât nécessaire ?

D'autre part, ainsi qu'il résulte de la circulaire du 6 octobre 1887 de M. le Ministre de la Marine Barbey, et de la conférence ci-annexée de M. le Chef de service de la Marine Le Beau, nous ne pouvons plus occuper Terre-Neuve qu'en associant les deux pêches de la morue et du homard. C'est là un fait indiscutable.

Si M. Thubé a pu, cette année, sur le désir de M. le Ministre de la Marine, occuper l'un des points de la Baie-Blanche (côté Est), y recevoir vingt navires venant du Banc et procurer à ces 1,200 pêcheurs, en quelques jours (et à Terre-Neuve le temps de la pêche est si court, que chaque jour représente une perte ou un gain important) l'appât dont ils avaient besoin, c'est qu'il avait combiné cette opération avec celle de la côte Ouest, au Vieux Férolle, où il pêche le homard et la morue : il eût éprouvé des pertes sérieuses en se bornant à pêcher la morue dans la Baie-Blanche.

Cet exemple fait sentir la nécessité de l'union des deux pêches et fait comprendre que, si les Anglais parvenaient à nous empêcher de préparer le homard et d'exploiter nos concessions comme bon nous semble, ils atteindraient à la fois les deux branches de notre industrie maritime, celle du Banc et celle de la côte de Terre-Neuve.

Après avoir contesté notre droit de pêche du homard, ils contesteront celui de pêcher le hareng — et par les mêmes motifs — de telle sorte que les intérêts de tous les armateurs, marins et fournisseurs français qui s'occupent, à un titre quelconque, de la pêche de la morue au Banc ou à la côte de Terre-Neuve se trouvent intimement liés.

Il suffira d'ajouter que ces intérêts représentent, en argent environ 30,000,000 de francs, valeur des produits consommés en France ou exportés aux Colonies et que le montant des armements — non compris la valeur des navires — s'élève à environ 10,000,000 de francs par an, représentant les gages des équipages, leurs vivres, les fournitures faites aux navires.

Toutes ces questions ont, du reste, été traitées par M. le chef du service de la Marine, dans le document précédemment cité.

Aussi le Gouvernement français a-t-il toujours proclamé nos droits *exclusifs* de pêche sur le French shore et nos droits de pêche sur tout ce qui y vit dans la mer.

II. — *Actes du Gouvernement français relatifs à l'exercice des droits sur le French shore exercés par les Français.*

C'est encore à la Conférence de M. le Chef du service de la Marine Le Beau qu'il faut recourir pour apprécier les démarches faites par les divers fonctionnaires de la Marine dans le but patriotique de faire occuper le French shore, d'y exercer la pêche du homard, afin d'en chasser les Anglais.

Il faut aussi consulter le discours prononcé au Sénat par M. Flourens, alors Ministre des Affaires étrangères (*Journal officiel*, p. 10. — 1887), le 17 janvier 1887. En laissant de côté les parties qui ont trait au cas spécial de M. Lemoine, qui ne s'était pas conformé, paraît-il, au règlement relatif à la forme des « chauffauds » on dégage l'affirmation de ces droits français :

« Le traité d'Utrecht donne anx pêcheurs français *une liberté complète*, un droit
» qu'ils ont exercé aussi bien à l'égard de la pêche du homard que de celle de
» de la morue ou de toutes autres espèces de poissons ou de crustacés....

..... « Ce traité date de 1713 ; voilà près de deux siècles qu'il est appliqué
» et depuis longtemps l'interprétation en a été fixée par la pratique. Comme je
» le disais tout à l'heure, le traité d'Utrecht donne à nos armateurs un droit de
» pêche *absolu et sans restriction*.

« M. Audren de Kerdel. — Et à eux seuls ?

« M. le Ministre. — *Parfaitement*. — Par conséquent nous n'entendons nul-
» lement leur contester le droit de procéder à la pêche du homard.

« M. Audren de Kerdel. — Le droit exclusif ?

« M. le Ministre. — Non seulement nous entendons ne pas leur contester
» ce droit, mais encore le faire respecter. Nous entendons empêcher que les
» habitants de Terre-Neuve n'empiètent sur les droits de nos nationaux..... »

Le Gouvernement ne se bornait pas à ces promesses, à ces affirmations.

Il pressait nos nationaux d'entreprendre cette pêche du homard (circulaire du Ministre de la Marine, 6 octobre 1887) : « Il n'y a pas de temps à perdre
» pour occuper la Baie-Blanche : deux tentatives d'organiser une usine anglaise
» dans ces parages ont été faites l'an dernier et se renouvelleront..... Voilà trois
» places de pêche qu'il faudrait occuper sans hésitation dès le début de la saison
» prochaine. »

Et, en même temps, le Ministre faisait remettre une notice sur le mode d'installation d'un établissement pour la fabrication des conserves de homards. (Annexe à la circulaire précitée.)

Enfin, dans la concession accordée à M. Thubé qui « avait répondu aux invitations du Gouvernement », le sieur Murphy, qui s'y était installé et y avait monté une usine à homards, fut énergiquement expulsé par M. le commandant Humann.

Cet acte de vigueur était la consécration des promesses et des engagements du Gouvernement : il produisit un immense effet sur les gens de Saint-Jean, ainsi qu'il résulte des discussions qui eurent lieu alors à cet égard.

En 1888, sur l'interpellation de l'amiral Véron au Sénat, M. Goblet, Ministre des Affaires étrangères déclarait : « que le Ministre des Affaires étran-
» gères actuel interprète les traités d'Utrecht et de Versailles absolument
» comme l'ont fait ses prédécesseurs et comme le faisait, en dernier lieu,
» M. Flourens. Ces traités donnent à la France, sur la partie N.-O. de l'île de
» Terre-Neuve, un droit de pêche absolu et sans restriction, non seulement sur
» la morue, mais encore sur tous les autres poissons, particulièrement sur le
» homard... Ces exploitations (anglaises) n'ont pas le droit de gêner la nôtre.
» Notre droit étant un *droit exclusif*, il peut bien comporter une certaine tolé-
« race vis-à-vis des Anglais, alors qu'ils n'entravent pas l'exercice de notre
» droit ». (*Journal officiel*, 1888, p. 1701.)

M. Thubé recevait de nouveau pour cette campagne entreprise en face et contre Shaerer, homardier anglais dont, dès 1888, le Gouvernement français poursuivait la disparition, les assurances qu'il jouirait de ces concessions comme il avait joui, l'année précédente, de celle de la Baie-Blanche,

En réponse à une demande de M. Thubé du 21 janvier 1888, transmise hiérarchiquement au Ministre de la Marine, dans laquelle cet armateur soumettait à l'Administration la proposition de se rendre maître amiablement des homarderies anglaises, en les achetant ou en les louant de ses deniers, M. le Ministre de la Marine, maintenant nos droits exclusifs, déclarait « que l'adminis-
» tration ne saurait conseiller cette manière de procéder. En effet, elle ne peut
» engager un de ses nationaux à acheter une usine terre-neuvienne sur un
» point où nous contestons aux Anglais le droit de posséder. » (*Journal officiel*
1888, p. 1702).

Enfin, tout récemment encore, le Ministre de la Marine, à la date du 2 juillet faisait savoir à son collègue du Commerce, à propos d'une question fiscale, qu'il considérait la pêche des homards jointe à celle de la morue, comme un affermissement de nos droits sur le French shore.

III. — *Nécessité pour un titulaire de concessions d'être maître absolu dans sa concession.*

En supposant qu'un capitaine *ne se livrât qu'à la pêche de la morue,* il est matériellement impossible que sa concession soit partagée, même avec un compatriote bienveillant ne pêchant lui-même que la morue, c'est-à-dire ne se servant que d'engins *mobiles*.

Le système des concessions données par le Gouvernement n'a été créé que dans le but de reconnaître cette nécessité pour le capitaine-pêcheur d'être seul dans les baies.

« La pêche demeure le privilège *exclusif* des navires occupants. » (Art. 23 du décret du 22 mars 1862.)

Et le décret-loi du 22 mars 1862 organise des pénalités sévères pour toute personne qui se permettrait même de jeter une ligne dans une baie concédée, sans préjudice des dommages-intérêts à accorder par les tribunaux.

Cette règle nécessaire, reconnue par l'unanimité des pêcheurs, a reçu une consécration toute récente et bien significative par le Ministère de la Marine dans la circonstance suivante : les armateurs qui envoient leurs navires au Banc, justement émus des conséquences du « boët-bill », ne sachant tout d'abord où se procurer le capelan (l'appât) nécessaire à leur industrie dont les Anglais les privaient, demandèrent instamment au Ministère de la Marine d'être autorisés à jeter leurs filets à capelans, pendant quelques heures, dans les baies concédées du « French shore », seul point où existe ce capelan. Malgré l'intérêt dont ils étaient dignes, M. le Ministre de la Marine, par sa décision de février 1889, déclara que les baies concédées étaient une sorte de propriété et qu'il ne pouvait donner cette autorisation : tous les hommes compétents avaient, en effet, déclaré que le simple jet d'un filet mobile, pour quelques heures, pouvait porter préjudice aux titulaires en effrayant la morue au moment de son entrée dans les baies ou en empêchant les maîtres de pirogues pour les homards de mouiller leurs casiers dans les endroits qu'ils jugeraient propices.

Si, au lieu de filets, on suppose que le titulaire, pêcheur de morue, se trouve en présence de pêcheurs de homards, immergeant leurs casiers au fond de l'eau, il faut affirmer qu'il lui est impossible, *a priori*, de pêcher fructueusement : ce point de vue est tellement évident qu'aucun homme spécial ne peut le contester : c'est ce que M. Thubé a rappelé dans sa réclamation au Ministère de la Marine : la morue, effrayée par ces casiers, n'accoste pas le côte et disparaît, et les filets appelés sennes sont déchirés par ces engins fixes, « répandus dans tous les fonds et invisibles ». Discours de l'amiral Véron au Sénat, 24 décembre 1888. — *Journal officiel*, p. 1701. — 1888).

Mais, si l'on suppose que, conformément aux vues du Gouvernement, le titulaire *joint la pêche du homard à celle de la morue*, la concurrence équivaut à un empêchement à peu près complet :

Les concurrents recherchent les meilleurs fonds, pour mouiller leurs casiers ; des erreurs se commettent en les levant : chacun, sentant que son voisin dépeuple les fonds, se hâte de détruire les gisements. C'est ce qui se passe dans les concessions du Vieux-Férolle données pour trois ans à M. Thubé.

Les Anglais dévastent les fonds et, à moins d'en venir aux mains, ne nous laissent que les points qu'ils dédaignent d'occuper.

Le capitaine français titulaire voit donc, chaque jour, avec ses marins personnellement intéressés à la conservation des crustacés et à leur capture (puisqu'ils ont une prime proportionnelle aux quantités prises), les Anglais s'emparer de quantités de homards et ruiner leurs concessions.

Il ne faut pas oublier que ce crustacé est très sédentaire et que, en quelques années, ainsi que l'explique M. le commissaire de la Marine Le Beau, les Anglais ravagent nos baies :

« Les industriels anglais mettent nos baies en coupe réglée, *ne les abandon-*
» *nent qu'après épuisement complet.*

C'est ainsi que Port-Swender, la plus féconde des baies en homards, a été déjà absolument épuisée par le même Shaerer qui exploite aujourd'hui les concessions de M. Thubé.

Or, les capitaux engagés dans le matériel naval et industriel d'une expédition destinée à conserver les homards ne peuvent être amortis qu'en plusieurs années ; il faut donc que le titulaire des concessions soit absolument assuré qu'il sera *seul*, pendant un certain nombre d'années, à exploiter sa concession.

Aussi l'on comprend l'insistance de M. Thubé et de son capitaine pour la jouissance exclusive à laquelle il a droit : c'est la condition *sine qua non* du succès de l'entreprise et c'est sous l'empire de ce sentiment que son capitaine écrivait le 31 mai 1889 :

« Nous sommes laissés à la merci des Anglais qui exploitent tous nos en-
» virons *comme des enragés* et nous font un *tort considérable.* L'usine Shaerer, située
» en face de nous, reçoit chaque jour, une moyenne de 8 à 12,000 homards : en
» sus de Shaerer, il y a deux usines à Sainte-Geneviève et à Sainte-Marguerite.
» Il est facile de voir que, dans ces conditions, le homard sera détruit dans bien
» peu de temps quoique le gisement soit très riche. »

Le même capitaine exprimait la même pensée le 10 mai 1889.

« Si nous nous trouvons obligés de pêcher en face de Shaerer, l'affaire sera
» mauvaise, tandis que, l'expulsion faite, il paraît avoir une bonne affaire sur
» notre concession. »

A la même date, M. Michel, l'un des intéressés de M. Thubé, présent au Vieux-Férolle, écrivait de son côté : « Les Anglais occupent tous les bons endroits :
« nos gens ne peuvent pas les déloger sans conflit : les Anglais sont hommes à
« faire le coup de poing ; ce sont des hommes magnifiques capables de faire une
« bouchée de nos pêcheurs. Je me propose de demander à la station navale de

« faire un long séjour ici, jusqu'à ce que nous soyons délivrés des homarderies
« anglaises.

« .... Notre affaire dépend de l'expulsion des Anglais : il n'y a
« qu'une chose : nous rendre maîtres de nos concessions et notre affaire sera
« bonne.

Enfin, le Gouvernement anglais lui-même a reconnu l'impossibilité de cette
concurrence et la déclaration du roi Georges annexée au traité du 3 septembre 1783
porte expressément :

« Pour que les pêcheurs des deux nations ne fassent point naître des que-
» relles journalières, S.M.B. prendra les mesures les plus positives pour pré-
» venir que ses sujets ne troublent, en aucune manière, par leur *concurrence*, la
» pêche des Français, pendant l'exercice temporaire qui leur est accordé, sur les
» côtes de l'île de Terre-Neuve et elle fera *retirer à cet effet, les établissements séden-*
» *taires qui y seront formés.*

Enfin, s'il était nécessaire, il suffirait de consulter les pêcheurs, les capitaines,
les armateurs et le commandant Humann qui connaît, par une longue pratique,
les choses de Terre-Neuve, pour se convaincre de suite de l'impossibilité d'une
pêche concurrente.

IV. — Bases de nos droits.

Il n'appartient pas à M. Thubé de répondre aux objections soulevées par le
Gouvernement anglais ou plus exactement par le Parlement de Saint-Jean.

M. le commandant Humann l'a fait, avec une grande autorité, dans un tra-
vail très précis et très complet qui a dû être communiqué au département des
Affaires étrangères.

M. Thubé se borne à attirer la haute attention de Monsieur le Ministre sur un
document anglais émanant du R.H. Lord Knutsford, adressé le 23 juillet 1888 au
gouverneur H.A. Blake, eu réponse à la réclamation du sieur Morphy, qui se
plaignait de son expulsion.

Le gouverneur Blake reproduisait les arguments déjà connus : « *Lobsters are
not fish* » et auxquels il a été bien des fois répondu, et il insistait pour qu'il soit
fait droit à la demande d'indemnité de Morphy.

Lord Knustford, sans discuter ces arguments, se borne à opposer la fin de
non-recevoir suivante qui est la reconnaissance éclatante des droits français :
« I have the honour to request that you will inform me what title these gentle-
» men (Murphy and Audrews) may have to the land on which the erection of
» this factory was commenced. »

Enfin, M. Thubé présente cette observation de fait : que, de *tout temps*, le
homard a été pêché par les Français, dans le French shore, non seulement pour

la nourriture des équipages mais encore pour servir d'appât pour prendre la morue, et cela sans que le Gouvernement anglais protestât. Il est vrai que cette pêche était loin de s'exercer avec des moyens d'action aussi nombreux qu'actuellement, mais ces moyens étaient les mêmes en principe.

Ce qui est nouveau, c'est le mode de conservation qui consiste à faire bouillir dans des boîtes en fer-blanc ce crustacé, mais les chaudières dans lesquelles a lieu cette opération sont mobiles, semblables à celles usitées pour faire cuire les aliments des hommes, plus vastes et surmontées d'un couvercle : elles se trouvent dans les chauffauds traditionnels, les « temporary buildings » exigés par les Anglais, et tout cela à l'aspect extérieur ordinaire.

Aussi, l'an dernier, le commodore anglais, après avoir visité, à la Baie-Blanche, nos installations nous a déclaré que « cela était en bon ordre et correct ».

V. — Conclusion.

M. Thubé supplie donc Monsieur le Ministre des Affaires étrangères de s'entendre avec Monsieur le Ministre de la Marine à l'effet de donner des ordres positifs à la station navale pour qu'il puisse jouir, comme il l'entend, de ses concessions, pour qu'il puisse pêcher dans les limites de ses concessions, partout où il le jugera utile, pour que les établissements anglais disparaissent, conformément à la déclaration du roi Georges et pour que M. Shaerer et autres soient expulsés comme Murphy a été expulsé.

M. Thubé ajoute que pour faciliter cette action énergique, il est prêt à payer aux Anglais leur matériel de pêche et aux pêcheurs indigènes le poisson qu'ils pourraient prendre.

Il fait, enfin, respectueusement observer que des négociations à Londres semblent interminables et qu'elles pourraient sans doute aboutir promptement si les négociateurs français s'appuyaient sur des faits accomplis, analogues à l'expulsion de Murphy.

Que si la mise en possession de sa concession ne peut avoir lieu promptement, M. Thubé demande une équitable indemnité pour le préjudice causé par ces retards, pour le préjudice ultérieur et pour les bénéfices légitimes qu'il aurait recueillis dans cette entreprise qu'il n'a faite que sur la pressante invitation du Gouvernement, confiant dans son appui, ses promesses et sa loyauté.

Nantes, 10 juillet 1889.

G. THUBÉ

IMPRIMERIE CENTRALE DES CHEMINS DE FER. — IMPRIMERIE CHAIX. — RUE BERGÈRE, 20, PARIS. — 15374-7-9.